AF451797

LE THÉATRE CHEZ SOI

CONTES

ET

LÉGENDES EN ACTION

LA FÊTE DE COLOMBINE

CHARADE EN TROIS PARTIES

PAR

JULES ADENIS

PARIS

A. HENNUYER, IMPRIMEUR-ÉDITEUR

47, RUE LAFFITTE, 47

1887

Droits de reproduction et de traduction réservés.

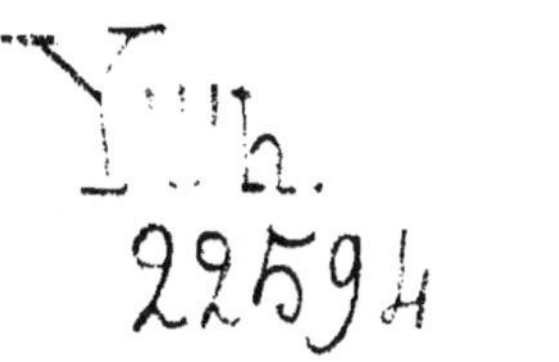

LA FÊTE DE COLOMBINE

CHARADE EN TROIS PARTIES

PREMIÈRE PARTIE

LES MOUTONS DE PANURGE

PERSONNAGES

Mme GRANDIN.
ANATOLE, son fils.
JEANNE, sa fille.
Miss SPENCER, leur amie.
LE VICOMTE DE COPURCHIC.
AMBROISINE, bonne.
UN EMPLOYÉ DU CHEMIN DE FER.

Un salon dans un bourg de province, chez Mme Grandin; porte d'entrée au fond, portes latérales, une fenêtre au fond: à droite. table, fauteuils chaises, etc.

SCÈNE PREMIÈRE.

MADAME GRANDIN seule, entrant par le fond,
un télégramme à la main.

Quelle nouvelle! quel événement! quel honneur! Ah! j'en suis encore toute troublée...Voyons, voyons, du sang-froid. Ce n'est pas le moment de perdre la tête... au contraire. Ah! (courant à la porte de gauche qu'elle ouvre, et appelant) : Jeanne? Jeanne? Anatole? Anatole? Ambroisine? (La voix de Jeanne dans la coulisse. M'man, tu m'appelles? La voix d'Ambroisine. Voilà, madame, voilà.) Elles m'ont entendue. Elles viennent.

SCÈNE II.

MADAME GRANDIN, JEANNE, AMBROISINE,
puis MISS SPENCER.

JEANNE, entrant.

Tu m'as appelée, maman ?

AMBROISINE, entrant en courant.

Voilà, madame, voilà !

MADAME GRANDIN, avec agitation.

Ah ! ma fille ! ah ! Ambroisine ! si vous saviez... c'est
un télégramme que je viens de recevoir... (S'interrompant.) Et Anatole ? (A Jeanne.) Et ton frère, où est-il ?

JEANNE.

Je ne sais pas, maman, il est sorti après le déjeuner.

MADAME GRANDIN.

Encore dehors, toujours dehors. Voilà comment il
se prépare à son examen. Oh ! les garçons ! (A miss
Spencer qui entre.) Eh ! arrivez donc, chère voisine et
amie. Si vous saviez..... quelle nouvelle ! quel événement ! quel honneur ! Voici un télégramme que je re-
çois à l'instant et qui m'annonce, pour aujourd'hui.
(Elle lit sur le télégramme.) Train de 5 heures 27, l'arrivée
du vicomte de Copurchic.

JEANNE, avec admiration.

Le vicomte de Copurchic ! ici, chez nous ?

AMBROISINE, cherchant.

Le vicomte... de quoi ?

MISS SPENCER.

Aoh! Copurchic? Et il venait incessamment?

MADAME GRANDIN.

Par le train de 5 heures 27. Vous voyez que nous n'avons pas de temps à perdre. Le vicomte est le neveu et l'unique héritier de ma vieille amie, la baronne de Roskanvec. Sa tante l'a chargé d'une commission pour moi, et il a consenti à la remplir. En quittant le château de Roskanvec pour se rendre à Trouville où il va séjourner six semaines, il s'arrêtera ici et nous restera à dîner. Il n'a pas fallu moins d'un concours de circonstances pareilles pour que nous ayons le bonheur de le posséder dans nos murs!

JEANNE.

Oh! je suis impatiente de le voir!

MISS SPENCER.

Aoh! Pourquoi? apprenez-moi, je vous prie?

JEANNE.

Mais vous ne savez donc pas, miss, que le vicomte est une célébrité! Il est l'arbitre de la mode.

MADAME GRANDIN.

Même au fond de notre province, nous avons bien quelques données sur le goût du jour par nos journaux, les gravures qu'ils nous envoient, les patrons qu'ils renferment, mais ce sont les modes de la veille.....

JEANNE, continuant.

Tandis que le vicomte les devance, car c'est lui qui la donne aux journaux. Il est la mode... du lendemain, tout simplement.

MISS SPENCER.

Aoh ! fort bien. J'avais compris. C'était le roi du High-life.

MADAME GRANDIN.

Mais nous sommes là à causer, et nous perdons un temps précieux. Avant tout, il faut s'occuper du menu. Ambroisine, ma fille, il faut mettre, aujourd'hui, les petits plats dans les grands.

AMBROISINE.

Bien, madame. (S'arrêtant.) Ah ! mais, c'est que...

MADAME GRANDIN.

C'est que...

AMBROISINE.

Je veux bien essayer, mais ça ne sera pas facile.

MADAME GRANDIN.

Pourquoi ?

AMBROISINE.

Comment qu'on s'y prend alors ?

MADAME GRANDIN, aux autres.

Elle m'a fait une peur ! elle n'a pas compris. (A Ambroisine.) Oui, c'est juste. C'est ma faute, et j'aurais dû me mettre à votre portée. J'ai voulu dire qu'aujourd'hui il fallait vous distinguer, nous servir un dîner délicat, recherché... tout ce qu'il y a de mieux, enfin. Cette fois, comprenez-vous ?

AMBROISINE.

Ah ! bon ! un dîner comme celui que vous avez donné à m'sieu le maire, quand il est venu ?

MADAME GRANDIN.

Précisément. Allez vite ! Anatole se chargera de la

cave. (La rappelant.) Ah! vous annoncerez le vicomte quand il se présentera. Il faut toujours annoncer.

(Ambroisine sort.)

SCÈNE III.

JEANNE, MADAME GRANDIN, MISS SPENCER.

MADAME GRANDIN.

Voyons, maintenant, et ce salon, est-il un peu présentable? (Elle regarde autour d'elle.) Oui... pas mal : modeste, mais de bon goût. Pourtant, ça manque de fleurs. Jeanne, va chercher les fleurs que tu as cueillies ce matin, et que tu as placées dans ma chambre. Justement, tu les as mises dans les vases du Japon, ça fera bien.

JEANNE.

Tout de suite, maman. (Elle sort et revient un instant après avec deux vases de fleurs qu'elle place sur un meuble.)

MADAME GRANDIN.

Et cet Anatole qui ne revient pas? Sans compter qu'il va peut-être nous arriver fait comme un voleur, et qu'il n'aura pas le temps d'aller s'habiller avant l'arrivée du vicomte. Ah! miss Spencer, vous nous faites le plaisir, n'est-ce pas, de rester dîner avec nous?

MISS SPENCER.

Aoh! mille grâces, chère madame, mais, un jour comme celui-ci, c'était bien de l'*indiscrétionne*.

MADAME GRANDIN.

Du tout! du tout! au contraire. Je veux que vous

voyiez le vicomte et que vous fassiez sa connaissance. Donc, point d'excuses, je ne les accepterais pas.

MISS SPENCER.

Alors, je consentais inconsidérément.

JEANNE, qui est rentrée et a placé les vases.

Voilà, maman.

MADAME GRANDIN, regardant.

C'est cela. Et ton frère qui ne rentre pas? Mais toi-même, viens donc un peu que je te regarde? (Elle la regarde des pieds à la tête, abattant ou relevant des plis.) Pas mal, pas mal... ça peut aller. Et moi, comment suis-je?

JEANNE.

Superbe, maman, tu es superbe, je t'assure.

SCÈNE IV.

LES PRÉCÉDENTS, LE VICOMTE DE COPURCHIC.

AMBROISINE, annonçant.

M'sieu le vicomte de Co... de Coco... comme a dit madame. (Elle sort.)

LE VICOMTE, saluant.

Madame... mesdames! (A madame Grandin.) Je suis heureux, chère madame, qu'une circonstance... futile en apparence, m'ait procuré l'honneur de vous connaître et de vous tendre une main sympathique.

MADAME GRANDIN, lui serrant la main.

Enchantée, monsieur le vicomte... (Présentant Jeanne et miss Spencer.) Jeanne, ma fille; miss Spencer, notre amie.

LE VICOMTE, saluant.

Mesdemoiselles... (A madame Grandin.) Je n'ai pas besoin de vous dire, chère madame, que ma tante m'a chargé, pour vous et les vôtres, de ses plus affectueux souvenirs.

MADAME GRANDIN.

Cette chère baronne ! Et elle va toujours bien, en dépit de la soixantaine ?

LE VICOMTE.

A merveille, madame, à merveille. (Il se retourne, en pirouettant un peu ; les trois femmes jettent une exclamation contenue d'étonnement. Le vicomte n'a qu'une seule basque à sa jaquette de voyage. La basque de droite a disparu.)

MADAME GRANDIN et JEANNE, à part.

Oh !

MISS SPENCER.

Aoh !

JEANNE, bas à sa mère, vivement.

As-tu vu ?

MADAME GRANDIN, de même.

J'ai vu. (Haut, au vicomte.) Votre tante nous a écrit que vous comptiez passer la saison d'été à Trouville.

LE VICOMTE.

Oh ! la saison d'été, ce serait un peu long ; quatre ou cinq semaines, tout au plus. Par ces chaleurs sénégaliennes, on ne sait vraiment où se mettre, et on se réfugie alors dans le sein de la mer !

.   MADAME GRANDIN, avec complaisance.

Ah ! charmant ! Mais, maintenant que nous avons eu l'honneur de vous voir et que nous connaissons la mode... de demain, je suis sûre qu'à votre arrivée là-bas, vous allez faire une véritable sensation.

LE VICOMTE, avec modestie.

Sensation? c'est beaucoup dire : je crois qu'on me remarquera tout au plus.

MADAME GRANDIN.

Je crois bien qu'on vous remarquera! J'ajouterai même que c'est presque une révolution! Et, dites-moi, il n'y a rien de changé pour la toilette des femmes?

LE VICOMTE.

Rien que je sache, absolument rien. Marasme complet. A mon idée, ces dames feront, là-bas, sept toilettes comme l'année dernière.

JEANNE, étonnée.

Ah ! sept toilettes.

LE VICOMTE.

Pas davantage : Peignoir-cachemire, du matin; costume de bain...

JEANNE.

Agrémenté?

LE VICOMTE.

Oh! très agrémenté! (Continuant.) Toilette du déjeuner, toilette de promenade, toilette du dîner, toilette de prima-sera, et toilette de bal pour le Casino. C'est tout. (A madame Grandin.) Mais, puisque nous sommes sur ce chapitre et que j'ai pris la liberté de venir, sans façon, vous demander le couvert, serait-il indiscret de savoir à quelle heure vous vous mettez à table ?

MADAME GRANDIN.

A sept heures. A moins que vous ne désiriez....

LE VICOMTE, l'interrompant en saluant.

Sept heures, c'est parfait! Je vous demanderai seulement la permission d'aller réparer un peu le désordre du voyage. Voyager en chemin de fer, c'est, vous le savez, comme si l'on avait vécu huit jours dans les hauts-fourneaux ou dans une sale rue de Londres !

MISS SPENCER, à part, choquée.

Sale rue de Londres? Aoh ! pas poli !

LE VICOMTE, saluant.

A tout à l'heure, mesdames. Je vous reviendrai, au moins, présentable. (Il sort.)

SCÈNE V.

MADAME GRANDIN, JEANNE, MISS SPENCER.

MADAME GRANDIN.

Vous avez vu ?

JEANNE.

Oui.

MISS SPENCER.

Oui. Shoking !

MADAME GRANDIN.

Mais non, pas shoking, c'est la mode nouvelle, et la mode n'est jamais shoking, miss Spencer.

JEANNE.

C'est laid.

MADAME GRANDIN.

Mais non, ce n'est pas laid ! La mode, ce n'est jamais laid.

JEANNE.

Alors, vous croyez que le vicomte va faire adopter cette bizarre innovation par les baigneurs de Trouville ?

MADAME GRANDIN.

Je n'en doute pas un seul instant.

JEANNE.

Mais alors, j'y pense : Angèle, ma bonne amie de couvent qui doit aller, ces jours-ci, à Trouville avec sa famille ? Son frère est un élégant s'il en fut. Je ferais peut-être bien de la prévenir. Oui, c'est cela, écrivons-lui. (Elle s'installe à la table.)

MISS SPENCER.

C'était alors un devoir pour moi de prévenir mon neveu qui faisait partie du high-life, à Brighton. (Elle s'installe de l'autre côté de la table.)

MADAME GRANDIN.

C'est cela, écrivez, écrivez.

JEANNE, écrivant.

« Chère et bonne amie, nous venons de recevoir la visite du célèbre vicomte de Copurchic...

MISS SPENCER, écrivant.

« My dear fellow, we have received a visit from viscount de Copurchic...

JEANNE, écrivant.

« Juge de notre étonnement... » (Elle continue à écrire tout bas.)

MISS SPENCER, écrivant.

« You may guess my astonishment... » (Elle continue tout bas.)

SCÈNE VI.

LES PRÉCÉDENTS, ANATOLE.

MADAME GRANDIN.

Ah ! voilà Anatole, ce n'est pas malheureux. Eh ! arrive donc ? On voit bien que tu ne te doutes pas de la surprise qui t'attend. Nous avons ici le vicomte de Copurchic, il dîne avec nous.

ANATOLE, tranquillement.

Ah ! bon ! ce jeune gommeux, le neveu de la baronne !

MADAME GRANDIN.

Gommeux ? gommeux ? voilà tout l'effet que ça te produit.

ANATOLE.

Quel effet voulez-vous donc que ça me produise ?

MADAME GRANDIN.

Déplorable insouciance ! (Le regardant.) Mais d'abord, pour ne pas avoir l'air trop provincial, rentre vite une basque de ta jaquette. Celle de droite.

ANATOLE, étonné.

Comment, une basque ?

MADAME GRANDIN, s'approchant.

Oui, oui. Tiens, laisse-moi faire.

ANATOLE.

Mais je ne comprends pas....

MADAME GRANDIN.

Tu n'as pas besoin de comprendre. (Cherchant.) Une

épingle de nourrice? qui peut me donner une épingle
de nourrice? (Jeanne lui en apporte une qu'elle prend à sa ceinture.)

ANATOLE, étonné.

Qu'est-ce que cela signifie?

MADAME GRANDIN, qui lui a rentré la basque de sa jaquette qu'elle
a fixée avec l'épingle.

Tu le sauras tout à l'heure. Tu vas voir, et quand
tu auras vu, tu comprendras. (Voyant entrer le vicomte.)
Chut!

SCÈNE VII.

LES PRÉCÉDENTS.

LE VICOMTE, en cravate blanche et en habit. Tenue irréprochable.
JEANNE ET MISS SPENCER quittent la table.

LE VICOMTE.

J'espère, mesdames, que je ne me suis pas fait trop
attendre.

MADAME GRANDIN, présentant Anatole.

Anatole, mon fils.

LE VICOMTE, lui tendant la main.

Ah! jeune homme... enchanté...

ANATOLE, saluant.

Monsieur.

JEANNE, qui a regardé l'habit du vicomte.

Ah! c'est étrange!

MADAME GRANDIN, de même.

Ah! c'est très étrange!

LE VICOMTE, se retournant.

Plaît-il?

MADAME GRANDIN, au vicomte.

Alors il n'y a rien de changé à l'habit? On en porte toujours deux?

LE VICOMTE, étonné.

Deux... quoi?

MADAME GRANDIN.

Deux pans.

LE VICOMTE.

Toujours, madame, toujours. (Riant.) Impossible de détrôner l'éternel habit noir. Un jour cependant, j'avais eu, je crois, une inspiration. C'était de l'égayer un peu en relevant les basques, comme ceci, avec du satin cerise, ou orange, à volonté... et les revers agrémentés de couleur pareille. Je donnai immédiatement cette idée à Leblond — Leblond, c'est mon tailleur, boulevard des Italiens — mais il me fit observer, avec justesse, que mon innovation rappellerait beaucoup trop les livrées du dix-huitième siècle. Je dus me rendre à cette objection... historique.

MADAME GRANDIN.

Ah! c'est fâcheux!

LE VICOMTE.

Mais je ne me tiens pas encore pour battu. Je chercherai... et je trouverai!

ANATOLE, à part.

Comme Archimède.

SCÈNE VIII.

LES PRÉCÉDENTS, UN FACTEUR DU CHEMIN DE FER.

AMBROISINE, annonçant.

M'sieu le facteur du chemin de fer. (Elle sort.)

UN FACTEUR entrant, et tenant à la main une basque de jaquette.

Pardon ! excuse ! salut à la société ! C'est donc pour vous dire, mesdames et messieurs, que nous avons ramassé sur la voie cette basque de jaquette qui a été coupée par la portière en se refermant. Pour lors, nous avons pensé qu'elle devait appartenir à un voyageur descendu à notre station, et comme nous avons trouvé dans la poche un porte-cigarettes et une carte où il y a écrit : « Le vicomte de Copurchic, » je suis venu chez madame Grandin où l'on m'a dit que le voyageur était descendu.

LE VICOMTE, qui a pris les objets.

Mais oui, ce porte-cigarettes est le mien... et cette basque est celle de ma jaquette de voyage. (Donnant une pièce de monnaie au facteur.) Tenez, mon brave, voici pour vous.

LE FACTEUR.

Merci bien, monsieur. Salut à la société. (Il sort.)

LE VICOMTE, tenant sa basque.

Mais alors, mesdames, je me suis présenté devant vous sans... (Il la montre.) (Riant.) Ah ! ah ! ah ! Vous avez dû me trouver bien ridicule !

MADAME GRANDIN.

Mais non ! pas trop.

LE VICOMTE, riant.

Ah ! ah ! ah ! convenez que l'aventure est piquante ?

MADAME GRANDIN, vexée.

Oui... en effet... très piquante. (A part.) Ah ! mon Dieu ! Et Anatole ! (A demi-voix.) Anatole ?

ANATOLE.

Maman ?

MADAME GRANDIN, s'approchant.

Vite ! (Elle enlève l'épingle et rabat la basque.)

LE VICOMTE, qui est allé porter sa basque sur une chaise.

Que d'excuses j'ai à vous faire. Vous me pardonnerez, je l'espère. en ne voyant en moi que la victime. la pauvre victime d'une portière... de sleeping-car ?

JEANNE, bas à miss Spencer.

Ah ! mon Dieu ! Et nos lettres ?

MISS SPENCER.

Aoh ! yes ! Stioupides, nos lettres ! (Elles vont à la table et les déchirent.)

AMBROISINE, entrant.

Madame est servie.

LE VICOMTE.

Bravo ! à table, alors. (Il offre son bras à madame Grandin.) Chère madame...

ANATOLE, à part.

Ah ! j'ai compris. Et ceci prouve, avec Rabelais, qu'il y a toujours eu, et qu'il y aura toujours *des moutons de Panurge.*

(Musique. — Rideau.)

DEUXIÈME PARTIE

L'ENFANCE D'ACHILLE

PERSONNAGES

THÉTIS, néréide.
ULYSSE, roi d'Ithaque.
DIOMÈDE, guerrier grec.
Mme HÉGÉMONE, maîtresse de pension.
ACHILLE, sous le nom et le costume de Mlle Thétis.
DAFNÉ
PERSÉIS } amies d'Achille,

Dans l'île de Scyros.

Le parloir d'un pensionnat de jeunes filles, à la campagne ; porte principale au fond, portes latérales ; table recouverte d'un tapis vert, bancs, chaises ; au-dessus de la porte d'entrée un écriteau sur lequel on lit : PARLOIR.

SCÈNE PREMIÈRE.

ULYSSE, DIOMÈDE.

Ils ont tous les deux de grosses lunettes à verres bleus,
et des livres sous le bras.

ULYSSE.

Si les renseignements que l'on nous a donnés sont exacts, ce doit être ici. Du reste, comme il n'y a qu'un seul pensionnat de jeunes filles dans l'île de Scyros, nous sommes sûrs de ne pas nous tromper.

DIOMÈDE.

Pourvu que nous ne soyons pas reconnus.

ULYSSE.

Impossible ! Sous nos vêtements, plus que mo-
destes, qui reconnaîtrait en vous : le fils de Tydée, le
valeureux Diomède, et en moi : le prudent Ulysse,
roi d'Ithaque, le père de Télémaque et de ses sujets ?
Impossible ! vous dis-je. Et de plus, avec la qualité
que nous avons prise : celle d'inspecteurs primaires,
nous sommes sûrs de recevoir un bon accueil.

DIOMÈDE.

Nous avons les lunettes et les bouquins obliga-
toires...

ULYSSE.

Oui, et vous voyez que, par respect pour la couleur
locale, je n'ai pas hésité à arborer, sur ma chlamyde,
la décoration des palmes académiques. Les institu-
trices, en général, ont une profonde vénération pour
les inspecteurs primaires, et Mme veuve Hégémone,
maîtresse de ce pensionnat, nous recevra avec tous
les égards qui nous sont dus. Nous aurons le droit de
visiter cette maison de la cave au grenier, et si,
comme on me l'a assuré, le fils de Pélée, le vaillant
Achille, est caché, sous des habits de fille, parmi les
pensionnaires, nous le découvrirons facilement. Vous
pouvez vous en rapporter à moi.

DIOMÈDE.

Le fait est que vous avez un flair...

ULYSSE.

De chien d'arrêt.

DIOMÈDE.

Et c'est la mère Thétis qui a eu l'idée de le cacher dans ce pensionnat sous des vêtements de fille !

ULYSSE.

C'est elle. Non contente de l'avoir plongé dans le Styx, dont les eaux l'ont rendu invulnérable...

DIOMÈDE.

Invulnérable? sauf au talon, l'endroit par lequel sa mère le tenait quand elle l'a plongé dans le Styx.

ULYSSE.

Et il paraît que cette précaution ne lui a pas semblé suffisante, puisque, pour garantir encore la vie de son Achille, elle a inventé la ruse que nous venons déjouer.

DIOMÈDE.

Convenez aussi que l'oracle de Calchas n'est guère fait pour la rassurer. Calchas a prédit que la ville de Troie ne pourrait être conquise que par Achille, mais que le vainqueur périrait sous ses murs. C'est, évidemment, la seconde partie de l'oracle qui a affolé cette brave mère Thétis. Et je comprends qu'à sa place...

ULYSSE.

Mais nous sommes tous mortels. Nous sommes des héros — je le veux bien — mais néanmoins mortels tout comme des gens de rien, ou comme le commun des martyrs. Eh bien! ne vaut-il pas mieux, cent fois, un trépas glorieux qu'une mort obscure et ignorée?

DIOMÈDE.

C'est notre manière de voir, à nous autres, guerriers valeureux, mais la mère d'Achille, comme femme et comme néréide, n'est pas forcée de partager notre manière de voir.

ULYSSE.

Et si tel est l'ordre des dieux? Thétis n'a pas la prétention, je suppose, de contrecarrer l'ordre des dieux? Et tous cas, ceci nous importe peu; notre devoir est de remplir la mission dont les princes grecs nous ont chargés, et de mettre tout en œuvre pour l'accomplir à notre honneur.

DIOMÈDE.

C'est mon avis, prudent Ulysse.

ULYSSE.

Je vois que nous étions faits pour nous entendre. Mais qui vient là? (Ils regardent.) Que les dieux me pardonnent! C'est Thétis, en personne. C'est bien elle. Est-ce le hasard qui l'amène, ou se douterait-elle de quelque chose? C'est que, voyez-vous, valeureux Diomède, il n'est pas de lunettes bleues que ne puisse pénétrer l'œil clairvoyant d'une mère! Elle vient de ce côté... ne nous montrons pas encore. Éloignons-nous et observons. (Ils sortent par la gauche.)

SCÈNE II.

THÉTIS, seule, entrant, un papier déplié à la main.

Ah! le mauvais sujet! Le méchant garnement! (S'arrêtant.) Ciel! si l'on m'entendait. (Elle regarde avec crainte autour d'elle et répète tout bas:) Ah! le mauvais sujet! Le méchant garnement ! (A demi-voix, et d'un ton confidentiel.) C'est moi qui suis Thétis, la mère d'Achille. Oui, je comprends votre étonnement ; vous me trouvez bien jeune, et vous vous dites : « Comment se fait-il que cette femme, si jeune, soit la mère d'un aussi grand garçon ? » La réponse est bien simple : d'abord, je suis immortelle ; ensuite je suis une néréide. J'habite, toute l'année, sous les flots, et ma villa, qui est bâtie sur un banc de corail, est située à deux mille deux cents brasses au-dessous du niveau de la mer. Hiver comme été, il y fait très frais, et la fraîcheur, vous savez, ça conserve. Or, je faisais tranquillement ma sieste, dans mon palais, lorsqu'on m'annonça une visite. C'était un crustacé, du genre langouste, qui m'apportait, dans sa pince, un message de la terre, de l'île de Scyros, et ce message était le bulletin trimestriel d'Achille. Eh bien ! il est joli, son bulletin trimestriel. (Elle lit :) « Conduite à l'étude : mal ! conduite en classe : mal ! travail : mal ! application : mal ! progrès : nuls. Place de composition : dixième ». (Parlé.) Ceci est mieux, du moment qu'il est dans les dix premiers, c'est tout ce que je demande. (Lisant :) « Nombre des élèves : dix ». (Parlé.) Eh bien ! tout cela ne serait rien encore, mais il y a une observation qui m'a mis la mort dans l'âme. (Elle lit :) « Observations : cette jeune personne, aussi indisciplinée qu'indisciplinable, jette, chaque jour, le désordre dans l'institution, et ses parents sont instamment priés de venir la reprendre le plus tôt possible ! » (Parlé.) Ah ! si l'on savait que Mlle Thétis est un garçon ? Mais on ne le sait pas, et il ne faut pas qu'on le sache! Qu'est-ce que je vais en faire, maintenant, de mon garnement, puisqu'il faut que je le reprenne? Où le cacher? A quelle divinité le confier? Ah! je suis bien perplexe!

SCÈNE III.

THÉTIS, HÉGÉMONE.

MADAME HÉGÉMONE, entrant.

C'est vous, madame, qui m'avez fait demander?

THÉTIS.

Oui, madame, et vous voyez, devant vous, une mère bien affligée!

MADAME HÉGÉMONE.

Il s'agit de...

THÉTIS.

De ma fille. Voici le bulletin trimestriel que je viens de recevoir.

MADAME HÉGÉMONE, après avoir regardé.

Ah! ah! c'est vous qui êtes la mère de Mlle Thétis? Eh bien, je ne vous fais pas compliment de votre fille... justes dieux! l'avez-vous assez mal élevée. C'est un diable en jupons que cette fille-là!

THÉTIS, à part.

Elle ne croit pas si bien dire.

MADAME HÉGÉMONE, continuant.

Si j'en avais deux, comme celle-là, parmi mes élèves, j'aimerais mieux donner tout de suite ma démission.

THÉTIS.

Elle est intelligente, cependant.

MADAME HÉGÉMONE.

Intelligente? Le beau mérite! Notre pensionnat n'est pas en situation d'élever des bêtes à concours, et la conduite nous suffit. La conduite avant tout, madame.

THÉTIS.

Hélas! Alors, décidément, vous ne voulez pas la garder?

MADAME HÉGÉMONE.

A aucun prix.

THÉTIS.

En la prenant par la douceur?

MADAME HÉGÉMONE.

Si vous croyez que je n'ai pas essayé. Mais j'ai essayé de tous les moyens. Votre fille est incorrigible!

THÉTIS.

Et quand faut-il que le l'emmène?

MADAME HÉGÉMONE.

Je vous dirais bien : le plus tôt possible, mais je vais être obligée, à mon grand regret, de vous faire attendre. On vient de m'annoncer la visite de deux inspecteurs de l'Académie d'Athènes. Je dois me tenir à leur disposition pendant qu'ils interrogeront les pensionnaires. Mais, aussitôt qu'ils seront partis, nous réglerons nos comptes.

THÉTIS.

Oh! je ne suis pas pressée.

MADAME HÉGÉMONE.

Vous avez payé un trimestre d'avance. C'est quarante-deux sesterces, et deux as, qui vous reviennent.

Après le départ de ces messieurs, je vous les remettrai avec ce qui reste du trousseau de Mlle Thétis. Ah! il est dans un joli état, le trousseau de votre fille!

THÉTIS.

Elle est si vive!

MADAME HÉGÉMONE.

Oui, ses bonnes amies en savent quelque chose.

(On entend un bruit de verres cassés.)

THÉTIS.

Qu'est-ce que cela?

MADAME HÉGÉMONE.

C'est probablement Mlle votre fille qui fait encore des siennes.

SCÈNE IV.

LES PRÉCÉDENTES, ACHILLE, habillé en fille,
DAFNÉ, PERSÉIS.

DAFNÉ, entrant.

Oui, méchante! Je vais le dire à madame.

ACHILLE.

Oh! la rapporteuse! (Apercevant Thétis.) Tiens, voilà maman. Bonjour, m'man! (Elle l'embrasse.)

THÉTIS.

Tu feras donc toujours, par ton inconduite, le désespoir de ta pauvre mère!

ACHILLE.

C'est pas ma faute, m'man.

MADAME HÉGÉMONE, à Dafné.

Voyons, qu'y a-t-il encore?

DAFNÉ, montrant Achille.

C'est Mlle Thétis...

MADAME HÉGÉMONE, à Thétis.

Là... qu'est-ce que je disais. Vous l'entendez !

DAFNÉ, continuant.

C'est Mlle Thétis qui, pendant la récréation, a voulu m'empêcher de jouer avec ma poupée, ma grande poupée articulée, aux yeux d'émail.

ACHILLE.

C'est qu'aussi c'est par trop bête ! s'amuser encore avec une poupée, à cet âge-là, n'est-ce pas ridicule, je vous le demande ?

MADAME HÉGÉMONE, sentencieusement.

Chacun prend son plaisir où il le trouve.

PERSÉIS.

Elle voulait absolument nous faire jouer, avec elle, à la balle au chasseur.

DAFNÉ.

Et comme je m'y refusais, elle m'a arraché ma poupée, et l'a jetée, avec colère, par la fenêtre.

PERSÉIS.

Et comme la fenêtre était fermée, elle a brisé un carreau.

ACHILLE.

Quel grand malheur ! Je la croyais ouverte, voilà tout.

MADAME HÉGÉMONE.

« Encore un carreau d'cassé ». C'est le dix-huitième depuis un mois ! (A Achille.) Mademoiselle Thétis, je suis lasse de vous punir. Aussi bien, ce serait inutile aujourd'hui, car voici Mme votre mère qui vient vous chercher, et qui va vous emmener.

ACHILLE, avec joie.

Vrai? Tu m'emmènes? Et je vais quitter le pensionnat?

THÉTIS.

Hélas! il le faut bien.

ACHILLE, agitant ses bras et en marchant comme un garçon.

Quelle chance! En voilà une chance!

PERSÉIS.

C'est ainsi que vous regrettez vos bonnes amies, votre excellente maîtresse?

ACHILLE.

Certainement, je les regrette... mais ça n'empêche pas... Songez donc : la liberté, le grand air!... On étouffe ici.

THÉTIS, à part.

C'est un héros! que voulez-vous? Je n'y puis rien!

ACHILLE, à Thétis.

Et quand partons-nous?

THÉTIS.

Tout à l'heure.

MADAME HÉGÉMONE.

Ah! voici messieurs les inspecteurs primaires. (Elle va au-devant d'eux.)

SCÈNE V.

LES PRÉCÉDENTS, DIOMÉDE, ULYSSE.

MADAME HÉGÉMONE.

On m'avait prévenue de votre arrivée, messieurs les inspecteurs, et je n'ai pas besoin de vous dire combien je suis heureuse de vous recevoir.

ULYSSE.

Au lieu de venir seul, comme c'est l'usage, j'ai pris la liberté, madame Hégémone, de me faire accompagner par un de mes collègues : le savant... Anaxagoras.

MADAME HÉGÉMONE, à Diomède.

Oh! monsieur, quel honneur pour ma maison! Comme savant, j'ai tant entendu parler de vous!

DIOMÈDE, à part.

Eh bien! elle est plus avancée que moi.

THÉTIS, à part, montrant Ulysse.

Je ne sais pas pourquoi, mais je me méfie de cet inspecteur à lunettes bleues.

ULYSSE, montrant Achille et les deux jeunes filles.

Ces trois demoiselles sont de vos élèves?

MADAME HÉGÉMONE.

Oui, monsieur l'inspecteur. Elles font partie de la grande classe.

ULYSSE.

Fort bien. (Bas à Diomède.) Attention! La présence de Thétis nous indique qu'Achille doit être parmi ces trois élèves. (Haut à Hégémone.) Pourriez-vous donner au savant Anaxagoras une idée de votre programme d'études?

MADAME HÉGÉMONE.

Très volontiers. Pour devoir, ce matin, j'ai demandé à ces demoiselles une narration.

DIOMÈDE.

Ah! ah! une narration.

MADAME HÉGÉMONE.

En laissant le sujet à leur choix.

PERSÉIS.

Moi, j'ai pris pour sujet : le réveil d'une fleur !

DIOMÈDE.

Oh ! très joli !

DAFNÉ.

Moi, j'ai écrit : la mort d'un oiseau.

ACHILLE, vivement.

Moi, j'ai imaginé le récit d'une bataille ! Comme je comprendrais une bataille, une vraie bataille.

ULYSSE.

Oh ! oh ! Voilà un sujet bien sérieux pour une jeune fille. (Bas à Diomède.) Je crois que nous le tenons. Il faut tenter l'épreuve décisive. Allez chercher le coffret.

(Diomède sort.)

THÉTIS, à part.

Une bataille ! Voilà le héros futur qui se trahit ! Justes dieux ! qu'une mère est malheureuse d'avoir pour fils un héros.

ULYSSE.

Bien que ce ne soit pas l'usage, le savant Anaxagoras, qui est un grand ami de la jeunesse, est allé chercher quelques curiosités qu'il a rapportées de ses voyages, et qu'il demande la permission d'offrir à ces demoiselles.

MADAME HÉGÉMONE, à part.

Des présents, à mes élèves ? Quels drôles d'inspecteurs !

(Rentre Diomède avec un coffret qu'il pose sur la table et qu'il ouvre.

ULYSSE.

Approchez-vous, mesdemoiselles, et choisissez.

DAFNÉ, prenant un bracelet.

Oh! le joli bracelet de corail! moi, je prends ce bracelet.

PERSÉIS, prenant un collier.

Moi, ce collier.

ULYSSE, à Achille qui ne bouge pas.

Et vous, mademoiselle, vous ne choisissez rien?

ACHILLE, haussant les épaules.

Et que voulez-vous que je choisisse?

ULYSSE.

Regardez toujours.

ACHILLE, regardant.

Oh! un glaive! (Il prend un poignard., Un pistolet! (Il prend un pistolet à bouchon qu'il fait partir au nez d'Ulysse.) Voilà mon affaire.

DIOMÈDE, avec joie.

C'est lui!

ULYSSE.

C'est lui!

MADAME HÉGÉMONE.

Que voulez-vous dire?

ULYSSE.

Je dis que cette jeune fille n'est pas une jeune fille. L'épreuve a réussi. C'est Achille.

THÉTIS, à part.

Ciel!

ULYSSE, continuant.

Je dis que le moment est venu de jeter le masque, et nous 'jetons nos lunettes! (Posant le bras sur l'épaule de Diomède qui se renverse, et se renversant également.) Nous ne

sommes pas des inspecteurs primaires. Nous sommes,
lui, le valeureux Diomède ; moi, Ulysse, roi d'Ithaque.
L'oracle a parlé, et les princes grecs nous ont envoyés
pour découvrir Achille caché, dans un pensionnat de
l'île de Scyros, sous des vêtements de fille. Achille
est découvert, et nous l'emmenons au siège de Troie.

THÉTIS.

Emmenez-le donc, puisque l'oracle l'exige ; et qu'il
devienne un héros. Sa gloire me consolera.

ULYSSE.

Partons !

THÉTIS.

Je pars avec vous.

ACHILLE.

Et où allez-vous donc, ma mère ?

THÉTIS.

Chez mon ami Vulcain, commander ton armure !

(Ils sortent.)

(Musique.)

(Le piano doit jouer l'air : « La victoire est à nous ! »)

(Rideau.)

TROISIÈME PARTIE

LA FÊTE DE COLOMBINE

PERSONNAGES

PANTALON, propriétaire.
COLOMBINE, sa fille.
SOLITUDE, sa gouvernante.
LÉANDRE, futur de Colombine.
UN GARÇON DE RESTAURANT.

Un salon chez Léandre; porte d'entrée au fond, portes latérales,
devant la porte de droite, un paravent; table, fauteuils, chaises,
ameublement de garçon.

SCÈNE PREMIÈRE

LÉANDRE, seul.

Au lever du rideau, il tient entr'ouverte la porte de gauche,
par laquelle il est entré et parle à la cantonade.

Oui, mademoiselle et chère future, vous êtes très
bien comme cela. Soyez tranquille, je n'ai pas oublié
que c'est aujourd'hui votre fête, et je vous la souhai-
terai ce soir. En attendant, je vais passer à la poste
pour savoir s'il y a une lettre de vous. (Il ferme la porte,
met la clef dans sa poche, et descend en scène en regardant autour de
lui.) Je suis seul... heureusement, car si l'on m'avait
vu... ou entendu, comme on rirait de moi. (Il rit.) J'en
ris moi-même, car, en vérité, on n'a jamais eu une

idée pareille ! une idée aussi folle ! Elle m'est venue, un soir, chez mon ami, le peintre du quatrième. Il avait un si joli mannequin que je l'ai prié de me le prêter ; puis, j'ai fait faire un costume tout semblable à celui que portait ma chère Colombine le jour de son départ, et j'ai habillé mon mannequin avec ce costume. Il est là. (Il indique la chambre.) Tantôt, nous souperons ensemble, en tête-à-tête, et il me semble que cette douce illusion me fera supporter plus facilement l'absence de ma future. C'est qu'aussi, il y a dans tout cela comme une fatalité ! A la veille de notre mariage, voilà que sa tante, qui habite la campagne, tombe malade, et ma chère Colombine est obligée de partir pour la soigner. Il y a trois semaines de cela, et le temps me semble bien long ! Mais l'heure se passe, et il faut que j'aille donner mes leçons. Allons ! du courage ! (Il sort par le fond.)

SCÈNE II.

PANTALON, SOLITUDE.

A peine Léandre est-il parti qu'on entend ouvrir la porte de droite cachée par le paravent. Le paravent s'écarte, Solitude et Pantalon paraissent marchant à pas de loup.

PANTALON.

Eh bien ?

SOLITUDE.

Personne ! Il vient de partir, et nous sommes maîtres de la place ! C'est égal, vous avez bien fait de garder la clef de cette porte condamnée.

PANTALON.

Solitude, ma bonne, comme propriétaire, je garde toutes les clefs de mon immeuble. Quand j'ai loué la moitié de cet entresol à Léandre, je ne savais pas s'il payerait son terme. Les renseignements étaient excellents, j'en conviens, mais on a tous les jours de très bons renseignements sur des personnes qui ne payent pas leur terme.

SOLITUDE.

Voilà bien un raisonnement de propriétaire! Et comme il payait régulièrement son terme, vous lui avez accordé la main de votre fille?

PANTALON.

Eh! pouvais-je faire autrement? En outre des bons renseignements dont je viens de parler, j'avais pu apprécier par moi-même les qualités de Léandre. Doué d'une voix charmante, et qu'une méthode excellente fait encore valoir, il ne peut suffire, comme maître à chanter, aux leçons qu'on lui demande. Il se fait un revenu d'au moins six mille livres... et comme il est sage, économe, il m'a semblé que c'était un excellent parti... et puis, enfin, il plaisait à ma fille.

SOLITUDE.

Quel coup elle va recevoir à son retour.

PANTALON.

La pauvre enfant! car elle aime sérieusement ce Léandre. Mais es-tu bien sûre au moins, Solitude, de ce que tu avances?

SOLITUDE

Puisque je l'ai entendu... comme je vous entends.

J'étais entrée, ce matin, sans faire de bruit. Il était là, devant sa chambre ouverte, parlant à une personne qui était dans l'intérieur, et il lui disait : « Ne t'impatiente pas, ma chère amie, je descends chez le traiteur commander mon déjeuner, et je reviendrai pour te faire belle avec la toilette que j'ai achetée pour toi !» Est-ce clair ?

PANTALON.

Oui, c'est assez clair. Et tu n'as pas idée de qui ce peut être ? Tu ne sais pas quelle est la rivale de ma fille ? et pour laquelle il a acheté une toilette ?

SOLITUDE.

Non. J'avais pensé, d'abord, à la fille du pharmacien à qui vous avez loué la boutique du rez-de-chaussée et puis, ensuite, à l'une de ses écolières... Dame, dans son état, vous comprenez, il en voit tant !

PANTALON.

C'est étrange ! D'autant plus que je ne le rencontre pas une seule fois sans qu'il me parle de ma fille. « Quand reviendra-t-elle ? Quand nous marierez-vous ? »

SOLITUDE.

Quel hypocrite ! En attendant, vous avez dû remarquer que, depuis trois semaines, il n'est pas venu plus de deux ou trois fois, le soir, faire votre partie de dominos.

PANTALON.

C'est vrai. Mais j'avais pensé que Colombine n'étant pas là...

SOLITUDE.

Raison de plus pour la remplacer. Il aurait dû ve-

nir tous les soirs! Je sais ce que je dis, allez, monsieur
Pantalon! Et je vous jure qu'en fait d'observation ou
d'espionnage, vous ne trouverez pas ma pareille. Tout
le quartier sait à quoi s'en tenir sur mon compte.

PANTALON.

C'est bien ce qui m'effraye un peu.

SOLITUDE, avec colère.

Vous dites?...

SCÈNE III.

LES PRÉCÉDENTS, COLOMBINE, entrant par le fond.

COLOMBINE.

Ah! je vous trouve enfin !

PANTALON.

Ma fille?... te voilà!

COLOMBINE.

Bonjour, père.

PANTALON, l'embrassant.

Te voilà donc enfin, chère enfant!

SOLITUDE.

Quoi, mademoiselle, c'est vous, et vous arrivez...

COLOMBINE.

Par le coche.

SOLITUDE.

Sans nous prévenir?

COLOMBINE.

Que veux-tu ! La tante allait beaucoup mieux, le
médecin en répondait... alors je n'ai pas pu y tenir, et
j'ai décidé de vous surprendre...

PANTALON.

Charmante surprise, ma foi! Embrasse-moi donc encore?

COLOMBINE.

Et puis, comme c'est aujourd'hui le 18, j'ai voulu savoir si M. Léandre avait pensé...

PANTALON.

A ta fête? c'est vrai, c'est aujourd'hui ta fête.

SOLITUDE.

M. Léandre? Vous l'aimez donc toujours?

COLOMBINE.

Mais sans doute.

SOLITUDE, regardant Pantalon avec commisération,

Ah! pauvre enfant!

PANTALON, avec un soupir.

Ah! ma pauvre enfant!

COLOMBINE, étonnée.

Qu'avez-vous donc? qu'y a-t-il? que se passe-t-il?

SOLITUDE, de même.

Hélas!

PANTALON.

Hélas!

COLOMBINE, vivement.

Mais parlez! parlez donc? vous me faites mourir!

SOLITUDE.

Eh bien... il y a... qu'il ne vous aime plus.

COLOMBINE.

Il ne m'aime plus?

PANTALON.

Il paraît que tu as une rivale, ma pauvre enfant, et qu'il doit en épouser une autre.

COLOMBINE, haussant les épaules.

Une autre? mais c'est imposible.

PANTALON.

C'est Solitude qui le dit, et qui prétend en avoir la preuve.

COLOMBINE.

La preuve ?

SOLITUDE.

Oui, la preuve. Et elle est là, la preuve. (Frappant à la porte de gauche.) Mademoiselle? mademoiselle?

COLOMBINE.

Que fais-tu?

SOLITUDE.

J'appelle la preuve... mais elle ne veut pas répondre, et la porte est fermée. (A Pantalon.) Vous qui gardez toutes les clefs de votre immeuble, vous n'avez pas celle-là. M. Léandre a eu bien soin de la mettre dans sa poche.

COLOMBINE, à Solitude.

Ma rivale est enfermée là, dis-tu?

SOLITUDE.

Sans doute, puisque j'ai entendu ce matin monsieur Léandre qui lui parlait.

COLOMBINE.

Et que répondait-elle?

SOLITUDE.

Rien.

COLOMBINE.

Je ne puis le croire encore! moi qui revenais si heureuse! mon Dieu! mon Dieu!

PANTALON.

Ne te désole pas, ma chère enfant, un mari de perdu, dix de retrouvés !

COLOMBINE, pleurant.

Pas comme Léandre, pas comme Léandre !

PANTALON.

Je t'en trouverai de bien mieux que lui, va !

COLOMBINE.

Oh ! non ! et il ne revient pas ! (Regardant autour d'elle et voyant un papier ouvert sur la table.) Qu'est-ce que cela ? (Elle lit.) « Mémoire des fournitures livrées à M. Léandre par Mme Treillard, rue Vivienne. » (Parlé.) Tiens, c'est ma couturière. (Lisant.) « Chaperon de soie cerise dit : *Petit chaperon rouge*. . . . . 18 livres.
Jupe de soie rayée, blanche et rose, et

caraco pareil 42   id.
Fraise ou collerette dégagée   4   id.

Total. . . .   64 livres.

« Reçu comptant dont quittance. » (Parlé.) Que signifie cela ?

SOLITUDE.

Eh pardi, c'est la toilette qu'il lui a achetée et dont il lui parlait ce matin.

COLOMBINE, avec un soupir.

En tout cas, elle a du goût... elle s'habille presque comme moi. Ah ! mon Dieu ! le doute n'est plus possible ! que faire maintenant ? quel parti prendre ?

SOLITUDE.

Attendez donc, j'oubliais... en sortant de causer avec la fruitière, je suis entrée pour causer chez le traiteur, et le garçon avec qui je causais m'a dit que M. Léandre venait de commander un souper pour deux. On doit le lui monter à huit heures. Votre père ayant retrouvé la clef de la porte condamnée, il faut nous cacher derrière le paravent, et les surprendre.

COLOMBINE.

Oui, c'est cela. Je les surprendrai et je les confondrai !

PANTALON.

Calme-toi, ma chère enfant. Une demoiselle bien née ne doit répondre que par le mépris... (Geste de Colombine.) Eh bien ! oui, si tu y tiens absolument, nous les surprendrons, et nous les confondrons, là !

SOLITUDE.

Ecoutez ? on vient. Partez vite ! moi, je vais guetter derrière le paravent, et dès qu'ils seront à table, j'irai vous avertir.

COLOMBINE.

C'est cela. Venez, mon père, venez.

(Ils sortent tous les trois par la droite, et l'on voit, de temps en temps,
Solitude qui passe la tête en dehors du paravent.)

SCÈNE IV.

LÉANDRE, UN GARÇON DE RESTAURANT.

LÉANDRE entre le premier, un bouquet à la main, et se retourne pour
parler au garçon.

Venez, mon ami, par ici ! Allez doucement, tenez bien la rampe, et ne renversez rien. (Le garçon paraît et entre.) Attendez, je vais mettre la table au milieu, et vous placerez les plats sur la table. (Il met le couvert avec le garçon qui dispose les plats.) Voilà qui est fait. Allez! vous viendrez chercher les plats demain matin, et je vous donnerai votre pourboire. (Le garçon salue et sort.)

LÉANDRE, seul, après avoir refermé la porte du fond sur le garçon.

Ah! et mon bouquet? Il faut le placer au milieu. (Il met le bouquet dans un vase et le met sur la table servie, puis il approche deux chaises.)

SOLITUDE, passant la tête à gauche du paravent, et regardant.

Là... il met deux chaises. J'en étais sûre! (Elle disparaît.)

LÉANDRE, regardant autour de lui.

Je n'ai rien oublié? non, rien. Allons vite chercher ma bonne amie. (Il prend la clef dans sa poche et entre à gauche.)

SOLITUDE, même jeu que plus haut.

Il va la chercher. Voilà le moment d'aller prévenir mademoiselle Colombine. C'est elle qui fournira le dessert! (Elle sort.)

LÉANDRE, rentrant avec un mannequin habillé comme Colombine, et l'asseyant devant la table servie, le dos tourné au paravent.

Là, es-tu bien, ma bonne amie? oui, tu es bien. Mais, dépêchons-nous, car le dîner refroidit. (Il s'assied en face du mannequin.) Voilà un poulet qui a l'air bien tendre. (Il sert.) A toi l'aile, à moi le pilon. Mais, d'abord, je mange pour Colombine. (Il prend l'assiette du mannequin.) Et puis je mange pour Léandre, car il faut que j'aie de l'appétit pour deux... Oh! je mange si souvent comme quatre!... Pour le vin, ma chère future, il faut le ménager, parce qu'il est excellent, et que je veux le conserver pour ton retour. (Il mange et boit, puis trinque contre le verre du mannequin.)

SCÈNE V.

LÉANDRE à table, COLOMBINE, PANTALON, SOLITUDE.

(Tous les trois sont montés sur des chaises, de sorte qu'on ne voit que leurs têtes émerger du paravent.

SOLITUDE, à demi-voix.

Vous voyez, ils sont à table tous les deux.

PANTALON, à demi-voix.

Elle ne me paraît pas mal.

SOLITUDE, de même.

Oh! si l'on peut dire!...

PANTALON, de même.

Je lui trouve même l'air... distingué, elle se tient très bien.

COLOMBINE, avec colère.

Oh! je ne sais ce qui me tient, moi, de... (Elle fait mine de descendre.)

PANTALON, l'arrêtant.

Ma fille! De la modération! Chut! écoute!

LÉANDRE, au mannequin.

Et ta liqueur favorite que j'ai oubliée : l'anisette? Et c'est aujourd'hui ta fête... mais il est à peine neuf heures, je cours au café en chercher. Ne t'impatiente pas, je reviens tout de suite. (Il sort vivement par le fond.)

SCÈNE VI.

COLOMBINE, SOLITUDE, PANTALON.

COLOMBINE.

Comment? c'est aussi sa fête? Elle se nomme donc comme moi. (Elle descend, et quitte le paravent.) A nous deux, maintenant!

PANTALON, la suivant.

Ma fille... de la modération!

COLOMBINE, au mannequin.

C'est donc vous, impudente, qui osez venir effrontément chez mon futur?

PANTALON.

Elle ne répond rien.

COLOMBINE.

Répondrez-vous, péronnelle! (Elle lui donne un soufflet. Le mannequin tombe.) Ah! mon Dieu! Ah! quel bonheur! Léandre est innocent!

SOLITUDE.

C'est impossible!

COLOMBINE.

Mais oui... c'est un mannequin... avec mes habits, mon chapeau. C'est moi, c'est mon portrait.

PANTALON, qui s'est approché.

Elle a raison.

SOLITUDE.

En voilà une invention! Qui aurait jamais deviné une invention pareille!

COLOMBINE.

Ah! que je suis heureuse! Quelle fidélité, quelle tendresse! Ah! j'en pleure de joie!

PANTALON.

Mais que vas-tu faire, maintenant?

COLOMBINE.

Emportez ce mannequin! (Écoutant.) Le voici qui revient. Vite!

(Pantalon et Solitude emportent le mannequin derrière le paravent Colombine prend la place qu'il occupait.)

SCÈNE VII.

LÉANDRE, COLOMBINE, à table, PANTALON ET SOLITUDE
montés sur leurs chaises derrière le paravent.

LÉANDRE, rentrant, un flacon d'anisette à la main.

Je n'ai pas été longtemps, ma chère Colombine, et voici ton anisette. Ah! c'est gentil, cela! Pour la peine, faites vite une risette à votre petit mari? (Colombine lui sourit. — Étonné.) Ah!... on dirait qu'elle m'a souri. (Haussant les épaules.) Ce que c'est, cependant, que l'illusion! Ecoute un peu, ma chère amie... (Il lui prend la main et retire vivement la sienne.) Ah! mon Dieu! en vérité, j'ai cru toucher la vraie main de Colombine! J'en suis tout troublé. Voyons, voyons! (Il verse deux petits verres d'anisette, en place un devant Colombine, et l'autre devant lui; mais au moment où il va boire le verre de Colombine, celle-ci le prend automatiquement et le boit.)

LÉANDRE, se levant, effrayé, et reculant.

Ah! mon Dieu! Je ne rêve pas! j'ai vu... Est-ce le diable?

(Colombine lui tend les bras.)

COLOMBINE.

Léandre, c'est moi.

PANTALON ET SOLITUDE, applaudissant du haut du paravent.

Bravo! bravo! la vraie Colombine.

(Ils descendent et entrent en scène.)

LÉANDRE.

Que vois-je! mon beau-père, Solitude?

COLOMBINE, qui s'est levée.

Et ta Colombine, elle-même, qui ne croira jamais aimer trop le plus fidèle et le plus rare des fiancés!
(Elle lui tend la main.)

LÉANDRE.

Ah! quel bonheur!... Beau-père, à quand notre mariage?

PANTALON.

Le lendemain... de la fête de Colombine.

(Musique. — Rideau.)

MOTS DE LA CHARADE

Première partie : PAN

Deuxième partie : TALON

Troisième partie, le tout : PANTALON

A LA MÊME LIBRAIRIE

COMÉDIES

CÉLIÈRES (Paul). **Trente-cinq ans de bail**, comédie en un acte (5 personnages). In-8º).   1 fr. 50

— **Le Voisin Géronte**, comédie en deux actes en vers, avec intermèdes (7 personnages). In-8º.   1 fr. 50

— **L'Elixir d'Arlequin**, comédie en un acte en vers (6 personnages). In 8º.   1 fr. 50

— **Lilas blancs et Roses thé**, comédie en un acte (6 personnages). In-8º.   1 fr. 50

— **L'oiseau sur la branche**, comédie en un acte (9 personnages). In-8º.   1 fr. 50

— **Chacun pour soi**, comédie en un acte en vers (6 personnages). In-8º.   1 fr. 50

LALUYÉ (Léopold). **L'Obus**, comédie en un acte (4 peronnages). In-8º.   1 fr. 50

— **Azor et Lubin**, comédie en un acte (5 personnages). In-8º.   1 fr. 50

— **La Robe de bal**, comédie en un acte (5 personnages). In-8º.   1 fr. 50

— **Les quatre-vingts ans de la chanoinesse**, comédie en un acte (5 personnages). In-8º.   1 fr. 50

— **Chassez le naturel...**, comédie en un acte (5 personnages). In-18.   1 fr.

— **Les cadeaux de mon oncle**, comédie en un acte (5 personnages). In-18.   1 fr.

ADENIS (Eug.). **Ma nièce Hortense**, comédie en un acte (4 personnages). In-18.   1 fr.

PROVERBES

CÉLIÈRES (Paul). **En scène, S. V. P.** Comprenant les 12 proverbes ci-dessous. 1 vol. in-18.   3 fr. 50

Tel oiseau tel nid (5 personnages); — Petite étincelle engendre grand feu (11 personnages); — Il n'est si petit qui ne compte (7 personnages). — Bon renom vaut un héritage (7 personnages); — Où la chèvre est liée..; (2 personnages); — Tout est bien qui finit bien (6 personnages); — Il n'est chance qui ne retourne (6 personnages); — Loin des yeux, loin du cœur (6 personnages); — Absent le chat, les souris dansent (6 personnages); — Dire et faire sont deux (4 personnages): — Qui aime l'arbre aime la branche (5 personnages); — A beau mentir qui vient de loin (5 personnages).

Chaque proverbe format in-18 : 1 franc.

DUPEUTY (A.).	**Blanche de Césanne**, proverbe en un acte (5 personnages). In-8°.	1 fr. 50
NUITTER (Ch.).	**La Cage d'or**, proverbe en un acte (5 personnages,. In-8°.	1 fr. 50

CHARADES EN ACTION

CÉLIÈRES (Paul).	**L'incomparable Zuléma**, charade en trois parties (8 personnages).	1 fr.
—	**Un Diner de huit couverts**, charade en trois parties (2 personnages).	1 fr.
—	**Le Gibier de Son Altesse**. charade en trois parties (9 personnages). In-18.	1 fr.
—	**Le Nez du marquis**, charade en trois parties (7 personnages). In-18.	1 fr.
ADENIS (Jules).	**Marionnette**, charade en trois parties (7 personnages). In-18.	1 fr.
—	**La Fête de Colombine**, charade en trois parties (7 personnages). In-18.	1 fr.

MONOLOGUES

LALUYÉ (Léopold).	**Fleurissez-vous, Mesdames**. In-18.	50 c.
—	**Ah! le bal!** In-18.	50 c.
BEISSIER (Ferd.).	**Le Nouveau**. In-18.	50 c.
—	**Mon bon Monsieur Croquemitaine!** In-18.	50 c.
	Petit Noël. In-18.	50 c.

VAUDEVILLES

JOUSLIN DE LA SALLE.	**La Marquise invisible**, vaudeville en un acte (7 personnages).	1 fr. 50
DUFLOT (J.).	**Les Ouvrières de qualité**, vaudeville en un acte (7 personnages), musique de J. Nargeot.	

POÉSIES

PAUL CÉLIÈRES.	**Le Premier Brin d'herbe**.	50 c.
—	**Un Rayon de soleil**, fantaisie.	50 c.
—	**Une Larme**.	50 c.

Paris. — Typographie A. Hennuyer, rue Darcet, 7.

A LA MÊME LIBRAIRIE

COMÉDIES

CÉLIÈRES (Paul). **Trente-cinq ans de bail**, 1 acte (5 personnages). In-8° avec gravure. **2 fr.**

— **L'oiseau sur la branche**, 1 acte (9 personnages). In-8°. **1 fr. 50**

— **Lilas blancs et Roses thé**, 1 acte (6 personnages). In-8°. **1 fr. 50**

— **Le Voisin Géronte**, 2 actes en vers avec intermèdes (7 personnages). In-8°. **1 fr. 50**

— **L'Elixir d'Arlequin**, 1 acte en vers (6 personnages). In-8°. **1 fr. 50**

— **Chacun pour soi**, 1 acte en vers (6 personnages). In-8°. **1 fr. 50**

LALUYÉ (Léopold). **L'Obus**, 1 acte (4 personnages). In-8°. **2 fr.**

— **Azor et Lubin**, 1 acte (5 personnages). In-8° avec gravure. **2 fr.**

— **La Robe de bal**, 1 acte (3 personnages). In-8°. **1 fr. 50**

— **Les quatre-vingts ans de la chanoinesse**, 1 acte (5 personnages). In-8°. **1 fr. 50**

— **Chassez le naturel...** 1 acte (5 personnages). In-18. **1 fr.**

— **Les cadeaux de mon oncle**, comédie en un acte (5 personnages). In-18. **1 fr.**

ADENIS (Eug). **Ma nièce Hortense**, 1 acte (4 personnages). In-18. **1 fr.**

CHARADES EN ACTION

CÉLIÈRES (Paul). **Le Nez du marquis** (7 personnages).

— **L'incomparable Zuléma** (8 personnages).

— **Un Dîner de huit couverts** (2 personnages).

— **Le Gibier de Son Altesse** (8 personnages).

ADENIS (Jules) **Marionnette** (7 personnages).

Chaque charade format in-18 : 1 franc.

MONOLOGUES

LALUYÉ (Léopold). **Fleurissez-vous, Mesdames.** In-18. **50 c.**

— **Ah! le bal!** In-18. **50 c.**

FERD. BEISSIER **Le Nouveau.** In-18. **50 c.**

— **Petit Noël** In-18. **50 c.**

— **Mon bon Monsieur Croquemitaine!** In-18. **50 c.**

PROVERBES

DUPEUTY (A.). **Blanche de Césanne**, 1 acte (5 personnages). In-8°. **1 fr. 50**

NUITTER (Ch.). **La Cage d'or**, 1 acte (5 personnages). In-8° **1 fr. 50.**

VAUDEVILLES

JOUSLIN DE LA SALLE. **La Marquise invisible**, 1 acte (7 personnages). **1 fr. 50**

J. DUFLOT. **Les Ouvrières de qualité**, 1 acte (7 personnages), musique de J. Nargeot. **3 fr.**

www.ingramcontent.com/pod-product-compliance
Lightning Source LLC
LaVergne TN
LVHW021828170726
843503LV00007B/3365